スラスラ 韓国語

술술 한국어 1 별책

고려대학교 한국어센터

이유경 심민아 홍명옥 이윤영 장은경

고려대학교출판부
KOREA UNIVERSITY PRESS

차례

제1과 안녕하세요. 저는 이진아예요. 5

제2과 공원에서 뭐 해요? 9

제3과 이 사과 얼마예요? 13

제4과 에리카 씨, 뭐 먹을래요? 20

제5과 어제 한국 친구 집에 갔어요. 25

제6과 문화극장에 어떻게 가요? 30

제7과 저는 축구하는 것을 좋아해요. 36

제8과 야구를 보러 잠실에 갈 거예요. 43

제9과 밖에 눈이 와요. 47

제10과 청구역에서 6호선으로 갈아타야 돼요. 53

제1과

안녕하세요. 저는 이진아예요.

어휘 · 표현

1 국적 国籍

□한국	韓国
□일본	日本
□중국	中国
□인도	インド
□태국	タイ
□호주	オーストラリア
□미국	アメリカ
□캐나다	カナダ
□영국	イギリス
□독일	ドイツ
□프랑스	フランス
□러시아	ロシア
□브라질	ブラジル
□멕시코	メキシコ
□이집트	エジプト

2 직업 職業

□학생	学生
□선생님	先生
□주부	主婦
□회사원	会社員
□경찰관	警察官
□운동선수	スポーツ選手
□의사	医者
□요리사	料理人
□연예인	芸能人

문법

1 -이에요/예요

- '-이에요/예요'は名詞について、「名詞＋です」の意味を表す。平叙文と疑問文に使うことができる。

- '-이에요/예요'の否定形は '-이/가 아니에요'である。

- 前にくる名詞が子音で終わる場合は'-이에요'、母音で終わる場合は'-예요'を使う。

학생 + **이에요** → 학생**이에요**
이진아 + **예요** → 이진아**예요**

■ 예

❶ **가** 이름이 뭐예요?
나 저는 노부타 유스케예요.

❷ **가** 지우 씨는 직업이 뭐예요?
나 저는 공무원이에요.

■ 연습

❶ **가** 윤아 씨는 회사원(이에요 / 예요)?
나 아니요. 윤아 씨는 간호사(이에요 / 예요).

❷ **가** 안녕하세요. 저는 박재상(이에요 / 예요).
나 저는 오가와 마리(이에요 / 예요).

正解 ❶ 이에요, 예요 ❷ 이에요, 예요

2 -은/는

- ‘-은/는’は名詞について、その名詞が文章の主題であることを表す。

- 前にくる名詞が子音で終わる場合は‘-은’, 母音で終わる場合は‘-는’を使う。

선생님 + 은 → 선생님은
저 + 는 → 저는

■ 예

❶ **가** 안녕하세요. 저는 야마모토 아이코예요.
나 안녕하세요. 저는 이진아예요.

❷ **가** 박 선생님은 고향이 어디예요?
나 제 고향은 부산이에요.

■ 연 습

❶ **가** 하루카 씨(은 / 는) 선생님이에요?
나 네, 저(은 / 는) 일본어 선생님이에요.

❷ **가** 케이코 선생님(은 / 는) 도쿄에서 왔어요?
나 아니요. 저(은 / 는) 오사카에서 왔어요.

正解 ❶ 는, 는 ❷ 은, 는

STEP UP

1 -에서 오다

- '-에서 오다'は、国籍や故郷について話すときに使う表現で、主に '-에서 왔어요.' (～から来ました)の形で使う。

■ 예

❶ **가** 어디에서 왔어요?
나 저는 일본 도쿄에서 왔어요.

❷ **가** 영국에서 왔어요?
나 아니요. 저는 미국에서 왔어요.

■ 연 습

❶ **가** 아이사 씨 고향은 어디예요?
나 저는 ______________________. (도쿄)

❷ **가** 케이코 씨는 ______________________?
나 저는 나고야에서 왔어요.

正解 ❶ 도쿄에서 왔어요 ❷ 어디에서 왔어요?

제2과

공원에서 뭐 해요?

어휘 · 표현

1 장소 場所

□ 집	家
□ 학교	学校
□ 병원	病院
□ 은행	銀行
□ 공원	公園
□ 공항	空港
□ 식당	食堂
□ 회사	会社
□ 극장	劇場
□ 커피숍	コーヒーショップ
□ 백화점	デパート
□ 편의점	コンビニ

2 동작 動作

□ 가다	行く
□ 사다	買う
□ 오다	来る
□ 보다	見る
□ 쓰다	書く
□ 마시다	飲む
□ 먹다	食べる
□ 읽다	読む
□ 듣다	聞く
□ 이야기하다	話す
□ 운동하다	運動する
□ 공부하다	勉強する

문법

1 -아요/어요/여요

- '-아요/어요/여요'は動詞や形容詞の語幹につき、現在形をつくる。また、日常的に繰り返される行為や状態を表す。

- 平叙文、疑問文、命令文、勧誘文、すべてに使われる。

저는 매일 학교에 **가요**.	私は毎日学校に行きます。
지금 학교에 **가요**?	今、学校に行きますか。
지금 빨리 학교에 **가요**.	今すぐ学校に行きなさい。
학교에 같이 **가요**.	学校に一緒に行きましょう。

- 動詞, 形容詞の語幹の母音がㅏ, ㅗの場合は '-아요'を使い、ㅏ, ㅗ以外の母音の場合は'-어요'を使う。'하다'のついた動詞, 形容詞の場合には'하여요'の縮約形 '해요'を使用する。

좋다: 좋 + **아요** → 좋**아요**
먹다: 먹 + **어요** → 먹**어요**
하다: 하 + **여요** → 하**여요** → **해요**

■ 예

❶ 가 어디 가요?
나 공항에 가요.

❷ 가 지금 뭐 해요?
나 밥을 먹어요.

■ 연습

❶ 가 그 커피숍은 어때요?
나 아주 ______________.

❷ 가 민지 씨, 지금 뭐 해요?
나 음악을 ______________.

正解 ❶ 좋아요 ❷ 들어요

2 -을/를

- '-을/를'は名詞について行為の目的となる物や対象を表す。会話では'-을/를'が省略されることがよくある。

- 前にくる名詞が子音で終わる場合は '-을'を使い、母音で終わる場合には '-를'を使う。

학생 + 을 → 학생을
민아 씨 + 를 → 민아 씨를

■ 예

❶ **가** 오후에 보통 뭐 해요?
나 저는 학교에서 한국어를 공부해요.

❷ **가** 매일 신문을 읽어요?
나 네, 저는 매일 신문을 읽어요.

■ 연습

❶ **가** 오늘은 어디에서 ____________________ 만나요?
나 명동에서 만나요.

❷ **가** 지금 뭐 해요?
나 학생 식당에서 ____________________ 먹어요.

正解 ❶ 친구를 ❷ 밥을

STEP UP

1 -에/-에서

- '-에'は場所を表す名詞の後ろについて自分の行く場所を表す。主に'가다(行く), 오다(来る), 다니다(通う)'と一緒に使われる。一方、'-에서'は、場所を表す名詞の後ろについてある行為が行われる場所を表す。主に '가다, 오다, 다니다' 以外の動詞が後ろに続く。

■ 예

❶ **가** 어디에 가요?
나 커피숍에 가요.

❷ **가** 어디에서 책을 읽어요?
나 저는 집에서 책을 읽어요.

■ 연습

❶ **가** ____________ 가요?
나 아니요. ____________ 가요.

❷ **가** 오늘 뭐 해요?
나 친구하고 ____________ 밥을 먹어요.

正解 ❶ 학교에, 병원에 ❷ 식당에서

제3과

이 사과 얼마예요?

어휘 · 표현

1 물건 物件

□빵	パン
□우유	牛乳
□커피	コーヒー
□물	水
□주스	ジュース
□과자	お菓子
□라면	ラーメン
□아이스크림	アイスクリーム
□휴지	ティッシュ、トイレットペーパー
□볼펜	ボールペン
□연필	鉛筆
□사과	りんご
□배	梨
□귤	みかん
□수박	すいか
□바나나	バナナ

2 수 數

□0	영	零
□1	일	一
□2	이	二
□3	삼	三
□4	사	四
□5	오	五
□6	육	六
□7	칠	七
□8	팔	八
□9	구	九
□10	십	十
□100	백	百
□1,000	천	一千
□10,000	만	一万

문법

1 -이/가

- '-이/가' は名詞について、その名詞が文章の主語であることを表す。

- 前の名詞が子音で終わる場合(パッチム有)は '-이'を、母音で終わる場合(パッチム無)は'-가'を使う。

선생님 + 이 → 선생님이
우유 + 가 → 우유가

■ 예

❶ **가** 영화가 어때요?
나 영화가 아주 재미있어요.

❷ **가** 누가 책을 읽어요?
나 마이클이 책을 읽어요.

■ 연 습

❶ **가** 수미 씨____ 집에 있어요?
나 아니요, 없어요.

❷ **가** 여기 우산____ 있어요.
나 감사합니다.

正解 ❶ 가 ❷ 이

2 수량 명사 (단위 명사)

- 人や物の数を言うとき、前にくる名詞によって次のような助数詞を使用する。

개	명	잔	병	권	살
個	名(人)	杯	本	冊	歳

- 人や物の数は'名詞 +数 +助数詞' の順序で言う。

빵 한 개　　친구 세 명　　커피 다섯 잔　　콜라 열한 병

- 質問をする時は、'몇 +助数詞'の順番で聞く。

사과 **몇 개** 있어요?
교실에 학생이 **몇 명** 있어요?
몇 살이에요?

■ 예

❶ **가** 손님, 뭘 드릴까요?
나 콜라 세 병 주세요.

❷ **가** 초콜릿이 몇 개 있어요?
나 다섯 개 있어요.

■ 연 습

❶ **가** 교실에 사람이 몇 명 있어요?
나 ________하고 ________이 있어요.

❷ **가** 콜라 몇 병 드릴까요?
나 ________ 주세요.

正解 ❶ 학생 세 명, 선생님 한 명 ❷ 여덟 병

STEP UP

1 이, 그, 저

- '이' '그' '저'はそれぞれ'この' 'その' 'あの'を意味していて、対象となる物が何なのか正確に示す時に使用する表現である。

- '이 사람' '그 사람' '저 사람' のように後ろに名詞を伴い、物を示す場合には、'이것(これ) '그것(それ)' '저것(あれ)'を使う。

■ **예**

❶ **가** 이거 얼마예요?
　 나 삼천 원이에요.

❷ **가** 저 사람은 어디에서 왔어요?
　 나 일본에서 왔어요.

■ **연 습**

❶ **가** 이 _____은 누구예요?
　 나 우리 선생님이에요.

❷ **가** _____ 얼마예요?
　 나 이거 팔천 원이에요.

正解 ❶ 사람 ❷ 그거, 그것

2 - 이/가 있다/없다

- '(場所)＋에 있다/없다'は人や物がどこにいる・あるのか、その位置を表現する。

■ 예

❶ **가** 어디에 책상이 있어요?
나 교실에 책상이 있어요.

❷ **가** 지금 방에 누가 있어요?
나 방에 친구가 있어요.

■ 연습

❶ **가** 에리카 씨가 어디에 있어요?
나 ______________________.

❷ **가** 칠판이 어디에 있어요?
나 ______________________.

正解 ❶ (에리카 씨가) 식당에 있어요 ❷ (칠판이) 교실에 있어요

3 고유어 수

- 助数詞の前には、次のような固有数詞を使う。

- ‘하나, 둘, 셋, 넷’を助数詞と共に使用する場合 ‘한, 두, 세, 네’とする。

1	2	3	4	5	6	7	8	9	10
하나(한) ひとつ	둘(두) ふたつ	셋(세) みっつ	넷(네) よっつ	다섯 いつつ	여섯 むっつ	일곱 ななつ	여덟 やっつ	아홉 ここのつ	열 とお

20	30	40	50	60	70	80	90
스물 二十	서른 三十	마흔 四十	쉰 五十	예순 六十	일흔 七十	여든 八十	아흔 九十

■ 예

❶ **가** 아주머니, 라면 세 개 주세요.
나 여기 있어요.

❷ **가** 사탕 몇 개 드릴까요?
나 열한 개 주세요.

■ 연습

❶ **가** 귤이 몇 개 있어요?
나 ______________________.

27살

❷ **가** 마리코 씨는 몇 살이에요?
나 ________________이에요.

正解 ❶ 네 개 있어요 ❷ 스물일곱 살

제4과

에리카 씨, 뭐 먹을래요?

어휘 · 표현

1 음식 料理

□갈비	カルビ
□불고기	プルコギ
□삼계탕	サムゲタン
□닭갈비	タッカルビ
□냉면	冷麺
□비빔밥	ビビンバ
□김치찌개	キムチチゲ
□된장찌개	テンジャンチゲ
□순두부찌개	スンドゥブチゲ
□김밥	キムパプ
□라면	ラーメン
□떡볶이	トポッキ
□햄버거	ハンバーガー
□돈가스	とんかつ
□초밥	寿司
□피자	ピザ

2 맛 味

□맛있다	おいしい
□맛없다	まずい
□맵다	辛い
□짜다	しょっぱい
□달다	甘い
□시다	酸っぱい
□쓰다	苦い
□싱겁다	(味が)薄い

문법

1 -고 싶다

- '-고 싶다'は動詞の語幹について、話し手の希望や願望、期待を表す。

먹다: 먹 + **고 싶다** → 먹**고 싶다**
보다: 보 + **고 싶다** → 보**고 싶다**

- 文の主語が１人称または、２人称に限られる。ただし、主語が3人称の場合には'-고 싶어하다'を使用する。

저는 명동에 가고 싶어요. (○)
은경 씨, 명동에 가고 싶어요? (○)
은경 씨는 명동에 가고 싶어해요. (○)
은경 씨는 명동에 가고 싶어요.(×)

■ 예

❶ **가** 주말에 뭐 하고 싶어요?
나 동대문시장에서 쇼핑하고 싶어요.

❷ **가** 점심에 뭐 먹고 싶어요?
나 라면을 먹고 싶어요.

■ 연습

❶ **가** 오늘 저녁에 쇼핑 어때요?
나 미안해요. 좀 피곤해요. 오늘은 집에서 ___________.

❷ **가** 저는 주말에 태권도를 배워요.
나 그래요? 저도 ___________.

正解 ❶ 쉬고 싶어요 ❷ 배우고 싶어요

2 -(으)ㄹ래요

- '-(으)ㄹ래요'は、動詞の語幹について、話し手の意図や意思を表す。

- 平叙文の場合の主語は１人称に限られるが、疑問文の場合には、２人称の主語にも使用される。

- 動詞の語幹が ㄹ以外の子音で終わる場合は '-을래요'を、ㄹや 母音で終わる場合は '-ㄹ래요'を使う。

> 읽다: 읽 + **을래요** → 읽**을래요**
> 보다: 보 + **ㄹ래요** → **볼래요**

■ 예

❶ **가** 어디에 갈래요?
　 나 극장에 갈래요.

❷ **가** 수진 씨는 뭐 먹을래요?
　 나 저는 비빔밥을 먹을래요.

■ 연습

❶ **가** 뭐 ______________?
　 나 물 주세요.

❷ **가** 무슨 책을 ______________?
　 나 이 책을 ______________.

正解 ❶ 마실래요 ❷ 읽을래요

STEP UP

1 ㅂ불규칙

- 語幹が 'ㅂ'で終わる動詞、または形容詞の中で後ろに母音で始まる連結語尾や終結語尾が続く場合、'ㅂ'が '우'に変化して活用される。ただし、'돕다'は 'ㅂ'の後ろに '아/어'が続く場合、'오'に変化して活用される動詞や形容詞がある。

입다 → 입어요, 입었어요, 입을 거예요 / 입고, 입지만
맵다 → 매워요, 매웠어요, 매울 거예요 / 맵고, 맵지만
돕다 → 도와요, 도왔어요, 도울 거예요 / 돕고, 돕지만

- 次の単語は代表的なㅂ不規則動詞、形容詞である。

쉽다	어렵다	고맙다	반갑다	덥다	춥다	맵다	싱겁다	돕다
容易だ	難しい	ありがたい	うれしい	暑い	寒い	辛い	(味が)薄い	手伝う

■ 예

❶ **가** 한국어 공부가 어때요?
나 재미있어요. 그렇지만 어려워요.

❷ **가** 도와줘서 고마워요.
나 아니에요.

■ 연습

❶ **가** 이거 맛이 어때요?
나 좀 ___________. 물 좀 주세요.

❷ **가** 안녕하세요. 저는 에리카예요.
나 만나서 정말 ___________.

正解 ❶ 매워요 ❷ 반가워요

2 -(으)ㄹ래요?

- '-(으)ㄹ래요?'が、相手と一緒にやりたいことを提案する意味で使われる場合、主語は'우리'を使用する。この時、答えは'(같이) -아요/어요/여요',または'(같이) -(으)ㅂ시다'とすることができる。

먹다: 먹 + 을래요 → 먹을래요?
하다: 하 + ㄹ래요 → 할래요?

가 우리 -(으)ㄹ래요?
나 네, 좋아요. 같이 -아/어요.
미안해요. 다음에 -아/어요.

■ 예

❶ 가 우리 이번 휴가에 여행 갈래요?
나 네, 좋아요. 같이 가요.

❷ 가 내일 영화 볼래요?
나 미안해요. 내일은 시간이 없어요. 다음에 봐요.

■ 연습

❶ 가 한국 노래를 __________?
나 네. 좋아요.

❷ 가 오늘 같이 한국 음식을 __________?
나 미안해요. 다음에 만들어요.

正解 ❶ 들을래요 ❷ 만들래요

제5과

어제 한국 친구 집에 갔어요.

어휘 · 표현

1 시간1 時間1

□어제	昨日
□오늘	今日
□내일	明日
□지난주	先週
□이번 주	今週
□다음 주	来週
□지난달	先月
□이번 달	今月
□다음 달	来月
□작년	昨年
□올해	今年
□내년	来年
□언제	いつ

2 시간2 時間2

□아침	朝
□점심	昼
□저녁	夕方~夜
□오전	午前
□오후	午後
□낮	昼間
□밤	夜
□새벽	深夜~明け方
□-시	-時
□-분	-分
□반	半
□몇 시	何時

문법

1 -았/었/였-

- '-았/었/였-'は動詞や形容詞の語幹、'名詞+이다'について過去時制を表す。

- 動詞や形容詞の語幹の母音がㅏ, ㅗの場合は '-았-'を使用し、ㅏ, ㅗ以外の母音の場合は '-었-'を使用する。また、'하다'を含む動詞や形容詞の場合は '하였-'の縮約形である '-했-'を使用する。'名詞+이다'は名詞が子音で終わる場合は '-이었-'を使用し、母音で終わる場合には '-였-'を使用する。

좋다: 좋 + **았어요** → 좋**았어요**
먹다: 먹 + **었어요** → 먹**었어요**
하다: 하 + **였어요** → 하**였어요** → **했어요**

선생님이다: 선생님 + **이었어요** → 선생님**이었어요**
의사이다: 의사 + **였어요** → 의사**였어요**

■ **예**

❶ **가** 히로시 씨, 오늘 수업에 왜 늦었어요?
나 늦게 일어났어요. 그래서 늦었어요.

❷ **가** 어제 뭐 했어요?
나 극장에서 영화를 봤어요. 아주 재미있었어요.

■ **연 습**

❶ **가** 주말에 뭐 했어요?
나 그냥 집에서 책을 ______________.

❷ **가** 보람 씨, 어제 뭐 했어요?
나 네. 친구하고 같이 영화를 ______________.

正解 ❶ 읽었어요 ❷ 봤어요

2 -에

- '-에'は時間を表す名詞について、時間や時を表す。
- '-에' の前に来る名詞の中で '어제, 오늘, 내일, 올해' 等には'-에'は使用しない。

■ 예

❶ **가** 현아 씨, 보통 몇 시에 출근해요?
나 보통 아홉 시에 사무실에 도착해요.

❷ **가** 유스케 씨는 언제 한국에 왔어요?
나 어제 왔어요.

■ 연 습

❶ **가** 주말_____ 뭐 했어요?
나 친구하고 박물관을 구경했어요.

❷ **가** 내일_____ 같이 점심 먹을래요?
나 내일_____ 오전_____ 출장을 가요. 다음에 먹어요.

正解 ❶ 에 ❷ X, X, 에

STEP UP

1 -고

● '-고'は動詞, 形容詞の語幹について、ふたつ以上の事実を列挙したり、時間の前後関係を表す連結表現である。

읽다: 읽 + 고 → 읽고
보다: 보 + 고 → 보고
학생이다: 학생 + 이고 → 학생이고

■ 예

❶ **가** 주말에 뭐 했어요?
나 친구랑 영화도 보고 쇼핑도 했어요.

❷ **가** 보통 퇴근하고 뭐 해요?
나 저녁을 먹고 운동을 해요.

■ 연습

❶ **가** 주말에 뭐 했어요?
나 집에서 음악을 ___________ 텔레비전을 봤어요.

❷ **가** 보통 아침을 먹어요?
나 네. 아침을 ___________ 출근해요.

正解 ❶ 듣고 ❷ 먹고

2 안

- '안'は動詞の前について否定を表す(例：안 가요, 안 좋아요, 안 먹었어요)。'공부하다, 여행하다, 운동하다' のように'名詞+하다'形の動詞は、名詞と'하다'の間に'안'を入れて '공부 안 하다', '여행 안 하다', '운동 안 하다' のように使う。

■ 예

❶ **가** 어제 민아 씨도 만났어요?
나 아니요, 민아 씨는 안 만났어요.

❷ **가** 케이코 씨, 요즘도 요리해요?
나 아니요, 요즘은 요리 안 해요.

■ 연습

❶ **가** 카즈키 씨, 점심 먹었어요?
나 아니요, 아직 __________.

❷ **가** 성진 씨도 어제 코지 씨하고 농구했어요?
나 아니요, 저는 __________.

正解 ❶ 안 먹었어요 ❷ 농구 안 했어요

제6과

문화극장에 어떻게 가요?

어휘 · 표현

1 위치와 방향 位置と方向

□위	上
□아래(밑)	下
□앞	前
□뒤	後ろ
□안	中
□밖	外
□옆	横
□오른쪽	右側
□왼쪽	左側
□이쪽	こちら
□그쪽	そちら
□저쪽	あちら

2 이동 移動

□올라가다	上がって行く
□올라오다	上がって来る
□내려가다	降りて行く
□내려오다	降りて来る
□들어가다	入って行く
□들어오다	入って来る
□나가다	出て行く
□나오다	出て来る

문법

1 -(으)세요

- '-(으)세요'は動詞について、その行動をするよう命令する時に使用する。

- 動詞の語幹が ㄹ以外の子音で終わる場合は '-으세요'を使用し、ㄹや母音で終わる場合には'-세요'を使用する。

> 읽다: 읽 + **으세요** → 읽**으세요**
> 가다: 가 + **세요** → 가**세요**

■ **예**

❶ **가** 이름을 어디에 써요?
나 여기에 쓰세요.

❷ **가** 저는 어디에 앉아요?
나 이쪽은 사람이 많아요. 그러니까 저쪽에 앉으세요.

■ **연 습**

❶ **가** 한국어 듣기가 너무 어려워요.
나 그러면 CD를 여러 번 ______________.

❷ **가** 여기 좀 춥네요.
나 그럼 창문을 ______________.

正解 ❶ 들으세요 ❷ 닫으세요

2 -(으)로

- '-(으)로'は主に場所や方向を表現する名詞(위/아래, 오른쪽/왼쪽, 앞/뒤, 옆, 이쪽/저쪽など)について、移動する方向を示す。

- 主に後ろには、'가다, 오다, 다니다'といった移動を表す動詞が使われる。

- 名詞が ㄹ 以外の子音で終わる場合は '-으로'を使用し、ㄹや母音で終わる場合には '-로'を使用する。

안: 안 + 으로 → 안으로
위: 위 + 로 → 위로

■ 예

❶ **가** 남자 화장실은 2층에 없어요?
나 네. 아래로 내려가세요.

❷ **가** 맛나식당이 어디에 있어요?
나 저기에서 길을 건너가세요. 그리고 왼쪽으로 가세요.

■ 연 습

❶ **가** 오늘 어디에서 파티를 해요?
나 우리집에서 해요. 일곱 시까지 ______________ 오세요.

❷ **가** 김인애 선생님이 여기 계세요?
나 아니요. ______________ 가 보세요. 205호예요.

正解 ❶ 우리집으로 ❷ 사무실로

STEP UP

1 '드세요', '주무세요'

- '먹다, 마시다'の命令形は '드세요', '자다'の命令形は '주무세요'である。これと関連して'맛있게 드세요.', '안녕히 주무세요.' といった挨拶が日常生活でよく使用される。

■ 예

❶ **가** 벌써 열두 시예요. 잘 자요.
나 네. 안녕히 주무세요.

❷ **가** 된장찌개 여기 있습니다. 맛있게 드세요.
나 감사합니다.

■ 연습

❶ **가** 안녕히 __________.
나 잘 자요.

❷ **가** 많이 __________.
나 잘 먹겠습니다.

正解 ❶ 주무세요 ❷ 드세요

2 -지 마세요

● '-(으)세요'の禁止形は'-지 마세요'である。'～してはいけない'という命令をする時に、動詞の語幹について使用される。

■ 예

❶ **가** 머리가 많이 아파요.
나 그럼 오늘은 밖에 나가지 마세요.

❷ **가** 이름을 여기에 써요?
나 아니요. 여기에 쓰지 말고 저기에 쓰세요.

■ 연습

❶ **가** 병원 안에서는 ____________________.
나 죄송합니다. 몰랐어요.

❷ **가** 이 빵 먹고 싶어요.
나 그 빵은__________. 일주일 전에 샀어요.

正解 ❶ 전화하지 마세요 ❷ 먹지 마세요

3 그래서/그러니까

- ‘그러니까’は前の文章が理由となり、後ろの文章が結果を表すことを示す連結表現である。‘그래서’も同様に理由を表す連結表現だが、一般的に‘그러니까’の後ろに来る文章は命令文と勧誘文であるのに対し、‘그래서’の後ろに来る文章は平叙文と疑問文であるという点に注意したい。

■ 예

❶ **가** 어제 왜 학교에 안 왔어요?
나 어제는 많이 아팠어요. 그래서 학교에 안 갔어요.

❷ **가** 이번 시험은 어려워요?
나 네. 아주 어려워요. 그러니까 공부 많이 하세요.

■ 연 습

❶ **가** 오늘도 스타 커피숍에 갈래요?
나 스타 커피숍은 오늘 안 해요. ___________
우리 루나 커피숍으로 가요.

❷ **가** 이거 맛있어요?
나 네, 아주 맛있어요. ___________ 저는 매일 먹어요.

正解 ❶ 그러니까 ❷ 그래서

제7과

저는 축구하는 것을 좋아해요.

어휘 · 표현

1 취미 趣味

□책을 읽다	本を読む
□음악을 듣다	音楽を聴く
□영화를 보다	映画を見る
□등산을 하다	登山をする
□그림을 그리다	絵を描く
□춤을 추다	踊りを踊る
□피아노를 치다	ピアノを弾く
□축구를 하다	サッカーをする
□야구를 하다	野球をする
□테니스를 치다	テニスをする
□스키를 타다	スキーをする
□사진을 찍다	写真を撮る

2 빈도 표현 頻度表現

□자주	よく
□가끔	時々、たまに
□별로 안/못/없다	あまり～ない
□거의 안/못/없다	ほとんど～ない
□전혀 안/못/없다	まったく～ない
□-에 -번	-に -回・度

문법

1 -는 것

● '-는 것'は、動詞の語幹について、その動詞を名詞化し、文章の中で主語や目的語、または序述語などの役割を果たす。

읽다: 읽 + 는 것 → 읽는 것
보다: 보 + 는 것 → 보는 것
놀다: 놀 + 는 것 → 노는 것

■ **예**

❶ **가** 운동을 좋아해요?
나 네, 운동은 다 좋아해요. 특히 스키 타는 거 좋아해요.

❷ **가** 야구 보는 것을 좋아해요?
나 네. 그렇지만 보는 것보다 하는 걸 더 좋아해요.

■ **연습**

❶ **가** 한국어 공부가 어때요?
나 재미있어요. 그런데 __________이 어려워요. 아직 모르는 단어가 많아서 드라마 볼 때 이해 못하는 것이 많아요.

❷ **가** 유키 씨, 취미가 뭐예요?
나 제 취미는 한국 음식을 __________이에요.

正解 ❶ 듣는 것 ❷ 만드는 것

2 -아서/어서/여서

- '-아서/어서/여서'は動詞や形容詞の語幹、'名詞+이다'について、ある出来事や状況が起きた理由を表す。

- 理由を表す '-아서/어서/여서'の後ろには命令、勧誘を表す'-(으)세요', '같이 -아요/어요/여요'は使用することができない。

켄토 씨는 약속이 있어서 명동에 갔어요.	(○)
켄토 씨, 약속이 있어서 명동에 가세요.	(×)
켄토 씨, 약속이 있어서 같이 명동에 가요.	(×)

- 前の文章の時制に関係なく、'-아서/어서/여서'の形を使う。

약속이 있었어요. 그래서 명동에 갔어요
→ 약속이 있어서 명동에 갔어요

- 動詞や形容詞の語幹の母音がㅏ, ㅗの場合は'-아서'を使用し、ㅏ, ㅗ以外の母音の場合は '-어서'を使用する。また、'하다'を含む動詞や形容詞の場合は'하여서'の縮約形である '해서'を使用する。'名詞+이다'は名詞が子音で終わる場合は '-이라서'を使用し、母音で終わる場合には '-라서'を使用する。

놀다: 놀 + 아서 → 놀아서
없다: 없 + 어서 → 없어서
하다: 하 + 여서 → 하여서 → 해서
학생이다: 학생 + 이라서 → 학생이라서
의사이다: 의사 + 라서 → 의사라서

■ 예

❶ **가** 어제 등산했어요?
나 아니요. 비가 와서 산에 안 갔어요.

❷ **가** 아까 왜 전화를 안 받았어요?
나 미안해요. 통화 중이라서 못 받았어요.

■ 연습

❶ **가** 어디 가요?
나 일이 __________ 시내에 가요.

❷ **가** 이번 주말에 뭐 해요?
나 __________ 집에서 쉬고 싶어요.

正解 ❶ 있어서 ❷ 피곤해서

STEP UP

1 -(으)ㄹ 때

- '-(으)ㄹ 때'は、動詞、または形容詞の語幹について、ある出来事、状況などが起きた時点を表す。

- 動詞の語幹が ㄹ以外の子音で終わる場合は '-을 때'を使用し、ㄹや母音で終わる場合には'-ㄹ 때'を使用する。

> 많다: 많 + 을 때 → 많을 때
> 바쁘다: 바쁘 + ㄹ 때 → 바쁠 때

■ 예

❶ **가** 시간이 있을 때 뭐 해요?
나 영화도 보고 책도 읽어요.

❷ **가** 언제 유리 씨를 봤어요?
나 여기 올 때 길에서 잠깐 만났어요.

■ 예

❶ **가** 준수 씨하고 통화했어요?
나 네. 아까 점심 ________ 통화했어요.

❷ **가** 언제 가족이 보고 싶어요?
나 몸이 ________ 너무 보고 싶어요.

正解 ❶ 먹을 때 ❷ 아플 때

2 -에 -번

- '-에 -번'は'時間+-에+回数'の形で使用され、あることの頻度を表す。

- '시간 + -에 수 + 번'の形で使用する。また、'일일, 이일'は '하루, 이틀'を使用する場合が多い。

-日	일일, 이일, 삼일, 사일…	-에	한, 두, 세, 네…	-번
-週間	일주일, 이주일, 삼주일, 사주일…			
-月	한 달, 두 달, 세 달, 네 달…			
-年	일 년, 이 년, 삼 년, 사년…			

■ 예

❶ **가** 영화를 얼마나 자주 봐요?
나 일주일에 한 번 정도 봐요.

❷ **가** 쇼핑을 자주 해요?
나 아니요, 별로 안 해요. 두 달에 한 번 해요.

■ 예

❶ **가** 커피를 자주 마셔요?
나 저는 커피를 정말 좋아해요. 아침, 점심, 저녁 ____________ 마셔요.

❷ **가** 여행을 얼마나 자주 해요?
나 ____________ 여행을 해요. 여름하고 겨울에 항상 여행을 가요.

正解 ❶ 하루에 세 번 ❷ 일 년에 두 번

3 잘 / 잘 못 / 못

- '잘+동사, 잘 못+동사, 못+동사'を使って能力の程度を表すことができる。

能力の程度		
잘	잘 못	못
優秀	普通以下	不足

■ 예

❶ **가** 수영을 잘해요?
나 아니요, 잘 못해요.

❷ **가** 스키를 잘 타요?
나 아니요. 전혀 못 타요.

■ 예

❶ **가** 한국 음식을 만들 수 있어요?
나 네, 만들 수 있어요. 그렇지만 ________________.

❷ **가** 피아노를 칠 수 있어요?
나 아니요. 전혀________________.

正解 ❶ 잘 못 만들어요 ❷ 못 쳐요

제8과

야구를 보러 잠실에 갈 거예요.

어휘 · 표현

1 날짜와 요일 日にちと曜日

□일월	1月	□시월	10月	□삼십일일	31日
□이월	2月	□십일월	11月	□월요일	月曜日
□삼월	3月	□십이월	12月	□화요일	火曜日
□사월	4月	□일일	1日	□수요일	水曜日
□오월	5月	□이일	2日	□목요일	木曜日
□유월	6月	□삼일	3日	□금요일	金曜日
□칠월	7月	□사일	4日	□토요일	土曜日
□팔월	8月	□이십구일	29日	□일요일	日曜日
□구월	9月	□삼십일	30日		

2 주말 활동 週末活動

□구경하다	見学する
□콘서트에 가다	コンサートに行く
□영화를 보다	映画を見る
□등산을 하다	登山をする
□집에서 쉬다	家で休む
□청소하다	掃除をする
□빨래하다	洗濯をする
□모임에 가다	集まりに行く
□가족들과 시간을 보내다	家族との時間を過ごす

문법

1 -(으)ㄹ 것이다

- '-(으)ㄹ 것이다'は動詞や形容詞の語幹、'名詞+이다'について、未来の予定を表す。

- 動詞の語幹が ㄹ以外の子音で終わる場合は '-을 것이다'を使用し、ㄹや母音で終わる場合には'-ㄹ 것이다'を使用する。名詞には '-일 것이다'を使用する。過去形は動詞、形容詞の語幹に'-았/었/였을 것이다'を使用し、名詞は '-이었/였을 것이다'を使用する。

좋다: 좋 +을 것이다 → 좋을 것이다
가다: 가 +ㄹ 거예요 → 갈 것이다

■ **예**

❶ **가** 영수 씨를 언제 만날 거예요?
나 이번 주 토요일에 만날 거예요.

❷ **가** 졸업식 때 정장을 입을 거예요?
나 네, 정장을 입을 거예요.

■ **연 습**

❶ **가** 언제 결혼을 ________________?
나 내년 봄에 ________________.

❷ **가** 점심에 뭘 ________________?
나 불고기를 ________________.

正解 ❶ 할 거예요 ❷ 먹을 거예요

2 -(으)러

- '-(으)러'は、動詞の語幹について、ある場所に移動する理由や目的を表すときに使用される。

- '-(으)러' の後ろには通常、'가다/오다/다니다'といった移動を表す動詞が使用される。

- 動詞の語幹が ㄹ以外の子音で終わる場合は '-으러'を使用し、ㄹや母音で終わる場合には'-러'を使用する。

> 먹다: 먹 +으러 → 먹으러 가다/오다/다니다
> 보다: 보 +러 → 보러 가다/오다/다니다

■ 예

❶ **가** 주말에 뭐 할 거예요?
나 친구를 만나러 부산에 갈 거예요.

❷ **가** 미호 씨, 여기 웬일이에요?
나 가족들 선물을 사러 왔어요.

■ 연습

❶ **가** 에리 씨, 같이 밥 먹(으러/ 러) 갈래요?
나 네, 같이 가요.

❷ **가** 민석 씨도 여기 자주 와요?
나 네, 운동하(으러/러) 자주 와요.

正解 ❶ 으러 ❷ 러

STEP UP

1 가서/만나서

- '가서'は通常、'(場所)−에 가서'の形で用いられ、ある場所に行った後、その場所で何かをすることを表現する時に使われる。
- '만나서'は '(人)−을/를 만나서'の形で用いられ、ある人に会った後、その人と何かをすることを表現するときに使われる。

서울 식당에 **가서** 점심을 먹었어요.
진아 씨를 **만나서** 이야기를 했어요.

■ 예

❶ **가** 주말에 뭐 했어요?
나 명동에 **가서** 쇼핑을 했어요.

❷ **가** 요코 씨하고 뭐 할 거예요?
나 요코 씨를 **만나서** 영화를 볼 거예요.

■ 연습

❶ **가** 저녁에 뭐 할 거예요?
나 신주쿠에 ____________ 친구를 만날 거예요.

❷ **가** 저녁 약속이 있어요?
나 네, 미호 씨를 ____________ 저녁을 먹을 거예요.

正解 ❶ 가서 ❷ 만나서

제9과

밖에 눈이 와요.

어휘 · 표현

1 날씨 天気

- □따뜻하다 暖かい
- □덥다 暑い
- □시원하다 涼しい
- □춥다 寒い
- □비가 오다 雨が降る
- □눈이 오다 雪が降る
- □바람이 불다 風が吹く
- □맑다 晴れている
- □흐리다 曇っている
- □개다 晴れる
- □습하다 じめじめする
- □건조하다 乾燥している

2 계절/계절 활동 季節/季節の活動

- □봄 春
- □여름 夏
- □가을 秋
- □겨울 冬
- □꽃구경을 가다 花見に行く
- □피서(여름휴가)를 가다 避暑(夏のバカンス)に行く
- □해수욕장에 가다 海水浴場に行く
- □단풍 구경을 가다 紅葉狩りに行く
- □눈사람을 만들다 雪だるまを作る
- □스키를 타다 スキーをする
- □눈썰매를 타다 ソリに乗る
- □소풍을 가다 遠足・ピクニックに行く

문법

1 -지만

- '-지만'は、動詞や形容詞の語幹、'名詞+이다'について、前後の文章の内容が反対の意味を持つことを示す。

- '名詞+이다'は名詞が子音で終わる場合は'-이지만'を使用し、母音で終わる場合には'-지만'を使用する。過去形は動詞、形容詞の場合は'-았/었/였지만'を使用し、名詞の場合は'-이었/였지만'を使用する。

읽다: 읽 + **지만** → 읽**지만**
하다: 하 + **지만** → 하**지만**
학생이다: 학생 + **이지만** → 학생**이지만**
친구이다: 친구 + **지만** → 친구**지만**

■ 예

❶ **가** 가족들이 모두 키가 커요?
나 아니요. 우리 형은 크지만 동생은 키가 작아요.

❷ **가** 켄지 씨, 오늘 친구들하고 같이 야구장에 갈래요?
나 저도 가고 싶지만 오늘은 약속이 있어요.

■ 연습

❶ **가** 에리 씨는 한국어를 정말 잘하네요.
나 아니에요. 말하기는 ________ 쓰기는 잘 못해서 걱정이에요.

❷ **가** 어제 등산은 어땠어요?
나 아니요. 산에 ________ 등산은 안 했어요.

正解 ❶ 잘하지만 ❷ 갔지만

2 -(으)ㄹ 수 있다/없다

- '-(으)ㄹ 수 있다/없다'は動詞の語幹について可能や能力の有無を表す。

- 動詞の語幹が ㄹ以外の子音で終わる場合は '-을 수 있다/없다'を使用し、ㄹや母音で終わる場合には'-ㄹ 수 있다/없다'を使用する。

> 읽다: 읽 + 을 수 있다/없다 → 읽을 수 있다/없다
> 가다: 가 + ㄹ 수 있다/없다 → 갈 수 있다/없다

■ 예

❶ **가** 나오키 씨는 봄을 좋아해요?
나 네. 꽃구경을 갈 수 있어서 봄을 좋아해요.

❷ **가** 은서 씨는 프랑스말도 할 수 있어요?
나 조금 읽을 수 있어요. 그렇지만 말은 잘 못해요.

■ 연습

❶ **가** 이번 주에 설악산에 단풍 보러 갈래요?
나 아직 단풍을 ________________. 다음 달에 가요.

❷ **가** 치호 씨는 ________________?
나 아니요. 한국 음식을 좋아하지만 못 만들어요.

正解 ❶ 볼 수 없어요 ❷ 만들 수 있어요

STEP UP

1 -네요

- '-네요.'は動詞や形容詞の語幹、'名詞+이다'について、新しく知った事実に対する話し手の感嘆を表す表現である。

- 名詞が子音で終わる場合は'-이네요.'を使用し、母音で終わる場合には'-네요.'を使用する。

> 읽다: 읽 + **네요** → 읽**네요**
> 가다: 가 + **네요** → 가**네요**
> 학생이다: 학생 + **이네요** → 학생**이네요**
> 의사이다: 의사 + **네요** → 의사**네요**

■ 예

❶ **가** 카즈키 씨, 매운 음식도 잘 먹네요.
나 네. 제가 매운 음식을 잘 먹어요.

❷ **가** 밖에 바람이 많이 부네요.
나 네. 날씨도 좀 추워요.

■ 연 습

❶ **가** 마코토 씨는 한국어를 참 ________________.
나 아니에요. 아직 단어를 많이 몰라요.

❷ **가** 민호 씨, 오늘 일찍________________.
나 네. 아침에 회의가 있어서 일찍 왔어요.

正解 ❶ 잘하네요 ❷ 왔네요

2 못

- 能力不足のため、あることができないということを表す表現には '-(으)ㄹ 수 없다'と '못'があるが、'못'の方がより頻繁に使用される。

- '수영하다, 운전하다, 야구하다' のように '名詞+하다'形の動詞の場合、名詞と '하다'の間に '못'を入れて '수영을 못 하다'、'운전을 못 하다'、'야구를 못 하다' のように使用する。

■ 예

❶ **가** 치호 씨, 한국 음식 만들 수 있어요?
나 아니요, 저는 못 만들어요.

❷ **가** 민준 씨가 운전할래요?
나 저는 아직 운전 못 해요.

■ 연습

❶ **가** 진영 씨, 수영 잘해요?
나 아니요, 저는__________________.

❷ **가** 케이코 씨는 한국말을 잘하네요.
나 아니에요. 아직 신문은 __________________.

正解 ❶ 수영 못 해요 ❷ 못 읽어요

3 -겠습니다

- '-겠습니다'は動詞と形容詞の語幹について未来の予定を表す表現で、天気予報など、公式的な場で使用される。

불다: 불 + 겠습니다 → 불겠습니다
오다: 오 + 겠습니다 → 오겠습니다
맑다: 맑 + 겠습니다 → 맑겠습니다

■ **예**

오늘은 아침에 비가 오겠습니다. 이 비는 오후부터 개겠지만 바람이 많이 불겠습니다. 내일은 오늘보다 따뜻하고 맑겠습니다. 즐거운 하루 되시기 바랍니다.

■ **연 습**

내일은 오늘보다 더__________.(춥다) 오전에는 흐리고 오후부터 눈이 __________.(오다) 그리고 바람도 강하게 __________.(불다)

正解 춥겠습니다, 오겠습니다, 불겠습니다

제10과

청구역에서 6호선으로 갈아타야 돼요.

어휘 · 표현

1 교통수단 交通手段

□지하철	地下鉄
□버스	バス
□자전거	自転車
□차	車
□기차	汽車
□택시	タクシー
□비행기	飛行機
□배	船
□오토바이	オートバイ

2 대중교통 관련 표현 公共交通機関に関する表現

□-을/를 타고 가다	-に乗って行く
□앉아서 가다	座って行く
□서서 가다	立って行く
□한 번에 가다	(乗り換えずに)一本で行く
□-(으)로 갈아타다	～に乗り換える
□돌아가다	遠回りをする
□길이 막히다	道が混む

문법

1 -아야/어야/여야 되다

- '-아야/어야/여야 되다'は動詞について、必ずしなければならないことや行為を表す。

- 動詞の語幹の母音が ㅏ, ㅗの場合は'-아야 되다'を使用し、ㅏ, ㅗ以外の母音の場合は '-어야 되다'を使用する。また、'하다'を含む動詞の場合は'하여야 되다'の縮約形である '해야 되다'を使用する。

> 놀다: 놀 + **아야 돼요** → 놀**아야 돼요**
> 읽다: 읽 + **어야 돼요** → 읽**어야 돼요**
> 운동하다: 운동하 + **여야 돼요** → 운동**해야 돼요**

■ 예

❶ **가** 명동까지 한 번에 갈 수 있어요?
나 아니요. 신당에서 2호선으로 한 번 갈아타**야 돼요**.

❷ **가** 오늘은 계속 머리가 아프네요.
나 그럴 때는 좀 쉬**어야 돼요**. 잠깐 쉬고 하세요.

■ 연습

❶ **가** 보고서가 언제까지예요?
나 내일까지예요. 그래서 오늘 ________________.

❷ **가** 회비 냈어요? 오늘까지 ________________.
나 오늘 오후에 낼 거예요.

正解 ❶ 다 해야 돼요 ❷ 내야 돼요

2 -(으)ㄹ 것이다

- '-(으)ㄹ 것이다'は動詞や形容詞の語幹、'名詞+이다'について推測の意味を表す。

- 動詞や形容詞の語幹の母音がㄹ以外の子音で終わる場合は'-을 것이다'を使用し、ㄹや母音で終わる場合には '-ㄹ 것이다'を使用する。名詞の場合はパッチムの有無に関係なく、'-일 것이다'を使用する。過去形は動詞、形容詞の語幹に'-았/었을 것이다'を使用し、名詞は'-이었/였을 것이다'を使用する。

좋다: 좋 + **을 것이다** → 좋**을 것이다**
가다: 가 + **ㄹ 것이다** → **갈 것이다**
학생이다: 학생 + **일 것이다** → 학생**일 것이다**

■ 예

❶ **가** 지금도 차가 막힐까요?
나 지금 시간에는 안 막힐 거예요.

❷ **가** 연우 씨는 영어를 할 수 있어요?
나 연우는 전에 미국에 잠깐 살았어요. 그러니까 아마 할 수 있을 거예요.

■ 연습

❶ **가** 미리 씨 생일 파티 하는 거 진호도 알아요?
나 윤희가 아까 진호한테 전화했어요.
그러니까 아마 ______________.

❷ **가** 윤정 씨한테 언제 전화해야 돼요?
나 지금쯤 일이 ______________. 지금 해 보세요.

正解 ❶ 알 거예요 ❷ 끝났을 거예요

STEP UP

1 -(으)ㄹ까요?

- '-(으)ㄹ까요?'は自分がよくわからないことを推測し、相手に質問する時に使う表現である。

- 動詞や形容詞の語幹の母音がㄹ以外の子音で終わる場合は'-을까요?'を使用し、ㄹや母音で終わる場合には '-ㄹ까요?'を使用する。名詞の場合はパッチムの有無に関係なく、'-일까요?'を使用する。過去形は動詞、形容詞の語幹に'-았/었/였을까요?'を使用し、名詞は '-이었/였을까요?'を使用する。

좋다: 좋 + 을까요? → 좋을까요?
가다: 가 + ㄹ까요? → 갈까요?
학생이다: 학생 + 일까요? → 학생일까요?

■ **예**

❶ **가** 미영 씨는 지금 뭐 할까요?
나 아마 집에서 쉴 거예요.

❷ **가** 내일도 날씨가 추울까요?
나 네. 이번 주는 계속 추울 거예요.

■ **연습**

❶ **가** 저 사람은 어느 나라 ______________?
나 아마 일본 사람일 거예요. 일본어로 말하는 것을 들었어요.

❷ **가** 이 선물을 나오미 씨가 ______________?
나 좋아할 거예요. 화장품을 사고 싶어했으니까요.

正解 ❶ 사람일까요 ❷ 좋아할까요

2 -(으)니까

- '-(으)니까'は前の文章が理由となり、後ろの文章が結果を表すことを示す表現である。

- 動詞や形容詞の語幹の母音がㄹ以外の子音で終わる場合は'-으니까'を使用し、ㄹや母音で終わる場合には'-니까'を使用する。過去形は動詞、形容詞の語幹に'-았/었/였으니까'を使用する。

먹다: 먹 + 으니까 → 먹으니까
가다: 가 + 니까 → 가니까

■ 예

❶ **가** 저 가게에서 케이크를 살래요?
　나 저 가게 케이크는 맛없으니까 다른 곳에서 사요.

❷ **가** 지금 같이 밥 먹으러 가요.
　나 저는 일을 좀 더 해야 하니까 먼저 가세요.

■ 연습

❶ **가** 커피 드릴까요?
　나 커피는 조금 전에＿＿＿＿＿＿＿＿ 주스 주세요.

❷ **가** 내일 만날래요?
　나 내일은＿＿＿＿＿＿＿＿ 주말에 만나요.

正解 ❶ 마셨으니까 ❷ 좀 바쁘니까

술술 한국어 1 별책

초판 발행 1쇄	2014년 8월 1일
지은이	고려대학교 국제어학원 한국어센터
펴낸곳	고려대학교출판부 www.kupress.com kupress@korea.ac.kr 136-701 서울특별시 성북구 안암동 02-3290-4230, 4232 Fax 923-6311
찍은곳	한국컴퓨터인쇄정보

ISBN 978-89-7641-837-1 13710

*본문 녹음 WAV 파일은 고려대학교출판부 홈페이지 자료실에서 내려받을 수 있습니다.

*잘못 만들어진 책은 바꿔드립니다.